Charisma

Die Kunst anziehend zu sein

1. Auflage 2015

Inhaltsverzeichnis

Einleitung....4

Kapitel 1: Die Komponenten von Charisma....7

Kapitel 2: Die 10 Geheimnisse von Charismatikern....11

Kapitel 3: Seien Sie präsent....16

Kapitel 4: Die Kunst des Zuhörens....19

Kapitel 5: Die Macht der Körpersprache....22

Kapitel 6: Werden Sie ein brillanter Gesprächspartner....27

Kapitel 7: Haben Sie Visionen und Ziele....31

Kapitel 8: Bleiben Sie fit und ansehnlich....34

Kapitel 9: Übernehmen Sie Verantwortung....37

Kapitel 10: Bescheidenheit und Freundlichkeit....40

Kapitel 11: Vertrauen Sie – vor allem in sich selbst....43

Fazit....48

Einleitung

Haben Sie jemals einen charismatischen Menschen getroffen? Haben Sie bemerkt, wie viel Energie und Leben in ihnen steckt? Diese Menschen scheinen einen Glanz in den Augen zu haben, der Wärme und Freundlichkeit ausstrahlt. Es scheint, als liege ihnen die Welt zu Füßen und als seien sie von Menschen umgeben, die sie lieben und bewundern. Charismatiker haben die Fähigkeit, jedes Ziel zu erreichen, das sie sich gesteckt haben.

Wenn es also eine Charaktereigenschaft gibt, die Ihr Leben positiv verändern und die Ihnen zu mehr Erfolg verhelfen kann, dann ist es Charisma. Charisma erlaubt es Menschen, eine harmonische Verbindung mit anderen einzugehen und von diesen gemocht und bewundert zu werden. Es öffnet Türen, die anderen verschlossen bleiben. Wenn zwei Menschen mit denselben Fähigkeiten sich um einen Job bewerben, ist es mit Sicherheit der Charismatiker, der den Zuschlag erhält.

Bevor man aber zu einem solchen Charismatiker werden kann, muss man zunächst einmal verstehen, was Charisma eigentlich ist. Für gewöhnlich tun sich Menschen schwer mit der eigentlichen Bedeutung des Wortes Charisma, vor allem in Verbindung mit Sozialwissenschaft und Kommunikation. Dabei ist es eigentlich recht einfach. Wenn ein Mensch über herausragende interpersonelle und kommunikative Fähigkeiten verfügt, dann besitzt er Charisma. Diese Fähigkeiten kann man auf ein paar Untergruppen herunterbrechen und sie können entwickelt und erlernt werden. Das bedeutet also, dass jeder Mensch in der Lage ist, Charisma auszubilden.

Sie haben vermutlich in Ihrem Leben mit Menschen zu tun gehabt, denen von allen Seiten Aufmerksam zuteilwird und die am Ende einen Eindruck hinterlassen, den man einfach nicht vergessen kann. Dabei spielt es keine Rolle, wie viel Geld jemand hat oder wie er oder sie aussieht. Diese Menschen betreten einen Raum und ziehen sofort alle Aufmerksamkeit auf sich und wenn sie den Raum verlassen, wird jeder der Anwesenden versuchen, diesem Menschen nachzueifern. Bei all dem handelt es sich um Charisma, was bedeutet, dass es sich um eine Art Magnetismus handelt, der sowohl zu Bewunderung als auch zu Vertrauen führt.

Es gibt viele Meinungen darüber, wie man Charisma erreichen kann. Einige glauben, dass ein Mensch mit Charisma geboren wird. Andere hingegen sind davon überzeugt, dass jeder mit ein wenig Anstrengung ein Charismatiker werden kann. Ich glaube, dass beide Seiten Recht haben. Zweifellos gibt es Menschen, die mit einem großen Satz an charismatischen Fähigkeiten und entsprechendem Verhalten geboren werden. Andere hingegen hatten nicht so viel Glück, können es aber lernen und am Ende sogar charismatischer sein als der, der so geboren wurde. Es ist alles eine Frage des Wissens um das Wie und Was.

Um eine charismatische Person zu werden, muss man seine Aufmerksamkeit darauf richten, wie man sich vor anderen präsentiert, wie man spricht und wie man sich verhält. Man muss wissen, wie man den bestmöglichen Eindruck hinterlässt. Die Fähigkeiten, die Sie mit Hilfe dieses Buchs lernen werden, werden Ihnen dabei helfen, einen durchweg guten Eindruck zu hinterlassen und dafür sorgen, dass Sie der charismatische Typ im Raum sind.

Dieses Buch wird Sie in jemanden verwandeln, der Charisma mit der Suppenkelle gegessen hat. Wenn Sie die Regeln und Tipps anwenden, die Sie im Folgenden lesen werden, ist es so gut wie unmöglich, Ihr Charisma-Level nicht zu verdoppeln oder gar zu verdreifachen. Das sage ich nicht, um Ihnen dieses Buch schmackhaft zu machen, sondern weil ich davon überzeugt bin, dass diese Regeln funktionieren. Ich habe sie mir selbst zu Herzen genommen und fahre damit deutlich besser, als je zuvor.

Kapitel 1: Die Komponenten von Charisma

Macht

Die Macht, über die Sie verfügen, hat nichts mit Ihrem Job, Ihren finanziellen Möglichkeiten oder Ihrem sozialen Status zu tun. Sie setzt sich vielmehr aus Ihrer Körpersprache, Ihrer Stimme, Ihrer Ausdrucksweise und Ihrem Selbstvertrauen zusammen. Sie steht in direkter Verbindung dazu, wie Sie von Menschen wahrgenommen werden und was diese über Sie denken.

Charismatische Menschen sind nicht einfach jene, die über ein herzhaftes Lachen verfügen oder die mit einer dröhnenden Stimme sprechen. Es sind eher die Aufmerksamen, die nonverbale Zeichen wahrnehmen und ihre Stimmlautstärke an die jeweilige Situation anpassen. Wenn es darum geht, einem Menschen Aufmerksamkeit zu schenken, da ihm etwas Schlimmes widerfahren ist, muss man sich anders einstellen als wenn eher die Motivation eines anderen Menschen im Vordergrund steht.

Einer der erfolgreichsten Wege, um zu einem charismatischen Menschen zu werden, ist, sich in Konversationen zu engagieren und bis zum Ende dabei zu bleiben. Wer allerdings zu schnell etwas dazu beitragen will und vorschnell von einem Fehler erzählt, den er oder sie kürzlich begangen hat, trägt nur Negatives bei. Diese Dinge werden dafür sorgen, dass sich die Person oder das Publikum von einem abwendet.

Überzeugungskraft

Der persönliche Magnetismus eines Menschen gibt ihm die Möglichkeit, andere Menschen anzuziehen und sie dazu zu bringen, einem bestimmten Denkmuster zu folgen. Es ist essentiell, diese Fähigkeit als eine Komponente des Charisma zu erlernen und auszubilden.

Menschen mit einer überzeugenden Persönlichkeit sind Enthusiasten. Das kommt sowohl in Gesprächen als auch in dem, was sie tun, zum Tragen. Sie vermitteln das Gefühl, dass man ihnen trauen kann und dass sie in der Regel gut informiert sind. Während andere Menschen Fragen haben, bieten Charismatiker Antworten.

Anpassungsfähigkeit

Sie kennen vermutlich Menschen, die sich nur schwer an neue Situationen oder an Entscheidungen, die andere getroffen haben, anpassen können. Diese Leute tun nichts, was ihnen nicht gefällt. Vielmehr erwarten sie, dass ihr Umfeld sich ihnen und ihrer Art zu denken anpasst. Nun, bei diesen Menschen handelt es sich um alles, aber nicht um Charismatiker.

Charismatisch zu sein bedeutet, dass man sich ohne Probleme an fast alles anpassen kann, was das Leben bereithält. Diese Anpassungsfähigkeit ist wohl eine der wichtigsten Komponenten, wenn es zu Charisma kommt. Sie müssen in der Lage sein, sich an jede Situation anzupassen und die Menschen so zu behandeln, wie sie es gerne hätten. Das setzt voraus, dass Sie die Verschiedenheit und die Vielfältigkeit der Menschen nicht nur akzeptieren, sondern auch annehmen können und dass Sie kulturelle und individuelle Unterschiede verstehen.

Image

Der erste Eindruck ist der wichtigste, da man keine Chance zur Wiederholung oder zur Ausbesserung bekommt. Dieser erste Eindruck entsteht in den ersten Sekunden eines Treffens oder eines Gesprächs. Wenn Menschen erst einmal einen ersten Eindruck von uns gewonnen haben, ist es sehr schwer, diesen zu ändern.

Es gibt neue Studien, die belegt haben, dass Menschen weniger als eine Sekunde brauchen, um einen ersten Eindruck zu gewinnen. Wenn Sie sich also auf ein Treffen vorbereiten, achten Sie darauf, wie Sie wirken wollen. Stellen Sie sicher, dass Sie mit Ihrem Aussehen Ihre Ziele und was Sie erreichen wollen unterstützen.

Visionen

Charismatische Menschen sind in der Regel sehr enthusiastisch im Hinblick auf die Botschaft, die sie vermitteln wollen oder auf den Plan, den sie haben und sind in der Lage, diesen Enthusiasmus mit anderen Menschen zu teilen. Um ein Charismatiker zu werden, müssen Sie daran arbeiten, mit Ihrem Engagement und ihren Überzeugungen auf andere Menschen zuzugehen. Charisma ist die Art und Weise, auf die Sie mit anderen sprechen.

Zwischenmenschliche Fähigkeiten

Charismatische Menschen sind gute Zuhörer und gute Kommunikationspartner. Bei dieser Kommunikation geht es aber nicht nur ums Sprechen. Charismatiker beherrschen Raum und Zeit, was bedeutet, dass sie nicht zu spät kommen und dass sie nicht viele Worte verlieren, um sich selbst zu beschreiben. Sie respektieren den persönlichen Raum eines jeden Einzelnen und bedrängen die Menschen nicht. Eine der Schlüsselfähigkeiten von Charismatikern ist ihre Wärme, die vor allem in der Kommunikation mit anderen zum Vorschein kommt. Menschen werden in Ihrem Tonfall und in Ihren Augen nach dieser Wärme suchen.

Kapitel 2: Die 10 Geheimnisse von Charismatikern

Es gibt verschiedene Eigenschaften, die zumindest die meisten Charismatiker auf sich vereinen. Ich möchte hier einmal die 10 Geheimnisse näher beleuchten, die aus einem normalen Menschen einen Charismatiker machen.

1. Charismatiker sind gute Zuhörer

Viele Menschen haben keine Ahnung davon, wie wertvoll das Zuhören ist. Es geht nicht nur darum, Menschen das Gefühl zu geben, dass sie wichtig sind, sondern vor allem darum, ihnen genau zuzuhören und zu verstehen, was sie sagen. Wenn Sie nicht zuhören, werden Sie nie erfahren, was Ihr Gegenüber denkt.

Nur wenn Sie gut zuhören, können Sie die richtigen Fragen stellen. Wenn Sie dabei Augenkontakt halten und auf Ihre Körpersprache achten, werden andere Menschen Sie als charismatisch wahrnehmen.

2. Charismatiker inspirieren andere

Charismatiker sind dazu in der Lage, andere Menschen zu inspirieren und zu Taten zu bewegen. Sie inspirieren andere dazu, an ihre Ziele, Träume und ihre Aufgabe im Leben zu glauben. Darüber hinaus schaffen es charismatische Menschen, anderen das Gefühl zu vermitteln, sie seien Teil etwas Größerem, Höherem.

3. Charismatiker sind Beobachter

Ein wichtiger Charakterzug eines charismatischen Menschen ist, dass er genau beobachtet. Beobachten bedeutet, dass Charismatiker alles wahrnehmen, was um sie herum geschieht. Wo sind die anderen Leute? Wie ist die Energie? Wie ticken die Leute? Erfolgreiche Charismatiker sehen und beobachten alles. Ihnen entgeht kein noch so kleines Detail. Bevor sie auf eine Situation reagieren, studieren und analysieren sie diese. Dadurch sind sie auf jede Situation vorbereitet, die sich ihnen bietet.

4. Charismatiker versprühen positive Energie

Sie kennen vermutlich auch Menschen, die einen Raum betreten und förmlich überschäumen vor positiver Energie. Es ist gut möglich, dass es sich dabei um eine charismatische Person handelt. Charismatiker haben etwas Besonderes in sich, eine Art von Energie, die jedermann sehen kann. Sobald sie einen Raum betreten, scheint es, als ob ein Licht aufgeht und jeder interessiert sich dafür, was sie zu sagen haben. Das liegt vor allem daran, dass Charisma sie dazu befähigt, jeden Menschen zu unterhalten und mit jedem Menschen zurecht zu kommen.

5. Charismatiker wissen um den richtigen Ort und den richtigen Moment

In einer Welt, die vor Ablenkungen nur so strotzt, schaffen es Charismatiker, den Respekt für andere Menschen nie zu verlieren. Sie sitzen nicht jemandem Gegenüber und lassen sich durch irgendwelche Dinge ablenken. Sie spielen nicht mit ihrem Telefon herum, während ein Mensch zu ihnen spricht. Sie schenken Aufmerksamkeit und wissen stets, was sich gehört, dass es für alles den richtigen Ort und die richtige Zeit gibt. Das ist es, woran andere Menschen sich erinnern.

6. Charismatiker haben Visionen

Charismatische Menschen sind deshalb so erfolgreich, weil sie ein Ziel haben und wissen, wie sie dieses erreichen können. Sie haben eine klare Vision, an die andere Menschen glauben und helfen, diese Vision in Realität umzusetzen. Dabei kommt es aber darauf an, dass die Vision von einer gehörigen Portion Leidenschaft begleitet wird, damit andere Menschen sie interessant finden.

7. Charismatiker sind selbstlos

Charismatische Menschen wissen, dass sie zunächst etwas geben müssen, bevor sie etwas für sich selbst bekommen. Sie denken nicht darüber nach, was sie für sich erreichen können, sondern konzentrieren ihre Gedanken vielmehr darauf, was sie für andere Menschen tun können.

8. Charismatiker sind bescheiden

Bei charismatischen Menschen handelt es sich um Personen, die über die Inspiration verfügen, die es für großartige Taten braucht. Das liegt vor allem daran, dass sie bescheiden sind, dass sie niemals vergessen, woher sie kommen und dass sie niemals versuchen, andere zu beeindrucken. Sie lassen eher Taten als Worte für sich sprechen.

Sie unterscheiden sich von ihren Mitmenschen unter anderem dadurch, dass sie diese loben, wenn sie etwas Großartiges geleistet haben oder sie dazu inspirieren, noch härter zu arbeiten, um ein Ziel zu erreichen. Sie schaffen es, sich auf einer emotionalen Ebene mit dem Team zu verbinden, mit dem sie arbeiten.

9. Charismatiker nehmen sich selbst nicht so wichtig

Zwar zählen Selbstvertrauen und vielleicht sogar ein bisschen Arroganz zu den Qualitäten von Charisma, dennoch nehmen sich Charismatiker selbst nicht wichtig. Als charismatischer Mensch überschreitet man nie die Linie zwischen Selbstvertrauen und Selbstwichtigkeit, wenn man es sich mit seinem Umfeld nicht verscherzen will.

10. Charismatiker schätzen die Wichtigkeit anderer

Kein Land dieser Welt, keine Stadt auf diesem Planeten wurde von nur einem Menschen erbaut. Die heutige Welt braucht Menschen, die sich gegenseitig helfen und unterstützen. Man kann eine Menge Dinge von verschiedenen Menschen lernen und diese zu seinem Vorteil einsetzen. Es ist nicht die Anzahl der Menschen, die einen umgibt. Es ist die Qualität, die den Unterschied macht.

Kapitel 3: Seien Sie präsent

Waren Sie jemals in einem Gespräch mit jemandem und hatten das Gefühl, dass Ihr Gegenüber nicht wirklich anwesend war, dass er Ihnen nicht wirklich aufmerksam zugehört hat, sondern den Raum beobachtet hat, mit seinem Telefon gespielt hat oder permanent auf die Uhr gesehen hat? Wie haben Sie sich dabei gefühlt?

Die wohl wichtigste Regel, wenn es um Charisma geht, ist Präsenz. Damit ist gemeint, dass Sie, wenn Sie sich mit jemandem unterhalten, Ihrem Gegenüber Ihre volle Aufmerksamkeit schenken. Das mag sich zwar selbstverständlich anhören, kann aber manchmal auch richtig schwierig sein. In einer Welt, in der fast jeder ein Smartphone hat, ist es gar nicht mehr so einfach, die volle Aufmerksamkeit eines Menschen zu erhalten. Ich würde sogar so weit gehen und behaupten, dass es so gut wie unmöglich ist.

Die Fähigkeit, jemandem voll und ganz seine Aufmerksamkeit zu schenken, ist es, die Sie aus der Masse herausstechen lässt und die Ihrem Gegenüber das Gefühl gibt, dass Sie wirklich daran interessiert sind, was die Person zu sagen hat und dass Ihnen wirklich etwas an ihr liegt. Menschen sind diese Aufmerksamkeit heute nicht mehr gewohnt und wenn sie ihnen zuteilwird, fühlen sie sich wie etwas Besonderes. Wenn Sie es schaffen, Menschen Ihre volle Aufmerksamkeit zu schenken, wird Ihr Charisma fast sprunghaft ansteigen. Ihre Präsenz ist ein echtes Geschenk für die Menschen, mit denen Sie interagieren.

Der Fakt, dass so gut wie niemand mehr zu 100% aufmerksam ist, spielt Ihnen in die Hände, da es Ihre Mühe in den Augen Ihrer Mitmenschen noch mehr aufwertet.

Allerdings erfordert permanente Präsenz auch einiges an Anstrengungen. Wenn Sie aber versuchen, Ihre Präsenz im Gespräch mit anderen zu verbessern, werden Sie feststellen, dass es mit der Zeit immer einfacher wird.

Was mir am besten hilft, mental am Ball zu bleiben, sind verschiedene Bewegungen oder Muskelkontraktionen, die mich daran erinnern sollen, dass ich präsent bleiben muss. Unter anderem reibe ich den Daumen und Zeigefinger meiner rechten Hand aneinander, während ich Menschen zuhöre. Dabei sehe ich vor meinem inneren Auge das Wort „Präsenz" durch die Luft schweben.

Das hört sich möglicherweise komisch an, es hilft mir aber dabei, mich daran zu erinnern, präsenter zu sein. Sobald ich merke, dass meine Gedanken abdriften und ich mich dabei ertappe, an etwas anderes zu denken, reibe ich meine Finger, um mich wieder voll und ganz meinem Gesprächspartner zu widmen. Natürlich kann man auch andere Methoden anwenden. Man kann mit seinen Zehen in den Schuhen wackeln oder die Zunge gegen den Gaumen pressen. Man kann sich auf seine Atmung konzentrieren. Alles ist erlaubt, solange es Ihnen dabei hilft, aufmerksam zu bleiben.

Ein anderer Trick, der für mich gut funktioniert, ist Wortwiederholung. Im Geist wiederhole ich jedes fünfte oder sechste Wort. Das hilft mir nicht nur, präsent zu bleiben, sondern ich präge mir auch die Schlüsselworte des Gesprächs besser ein.

Übung #1 – Beherrschen Sie die Regel der Präsenz

Ihre erste Übung besteht darin, eine Körperbewegung oder eine Muskelkontraktionen zu wählen, die Sie während eines Gesprächs dazu nutzen können, um sich daran zu erinnern, präsent zu sein. Sobald Sie sich für etwas entschieden haben, wenden Sie es in Gesprächen mit anderen Menschen an. Wenn das funktioniert, versuchen Sie die Wortwiederholungs-Methode. Wiederholen Sie Schlüsselworte im Geist, während Sie Ihrem Gegenüber zuhören.

Konzentrieren Sie sich darauf, wirklich anwesend zu sein. Schauen Sie nicht zum Fernseher oder auf Ihr Telefon. Nicht mal für eine Sekunde. Lassen Sie nicht einfach die Zeit verstreichen und warten Sie darauf, dass Sie an der Reihe sind, zu sprechen.

Kapitel 4: Die Kunst des Zuhörens

Charismatische Menschen hören immer mehr zu als sie sprechen. Sich die Zeit zu nehmen, einem anderen Menschen wirklich zuzuhören und – wichtiger noch – sie aussprechen zu lassen, ist eine weitere selten gewordene Fähigkeit, die Sie im Handumdrehen charismatischer erscheinen lässt und Sie von anderen unterscheidet.

Wenn es Ihnen so geht, wie es mir früher gegangen ist, werden Sie sich nicht von der Schuld freisprechen können, oft nur halb hinzuhören, wenn ein Mensch mit Ihnen spricht. Bevor ich wirklich damit begonnen habe, an meinem Charisma zu arbeiten, habe ich oft nur zugehört, um den Moment nicht zu verpassen, an dem ich endlich sprechen konnte. Oft habe ich gar nicht richtig mitbekommen, was gesagt wurde, da ich viel zu sehr darauf konzentriert war, endlich meinen Senf dazuzugeben. Erkennen Sie sich zumindest teilweise wieder?

Das eigentliche Problem dabei ist, dass es dem Gegenüber sehr wohl klar ist. Vielleicht sind Sie sich dessen gar nicht bewusst, aber Ihr Gesprächspartner sieht anhand Ihres Gesichtsausdrucks oder anhand des mangelnden Augenkontakts, dass Sie ihm nicht wirklich zuhören, sondern nur auf Ihren Einsatz warten.

Menschen zuzuhören und ihnen Ihre volle Aufmerksamkeit zu schenken ist essentiell, wenn Sie Ihr Charisma verbessern wollen. Es gibt zwei einfache Tricks, die mir dabei helfen, konzentriert zuzuhören und aufmerksam zu sein. Im ersten Schritt versuche ich, mir das Gesprochene in Bildern vorzustellen, fast wie einen Film. Das verbessert meine Fähigkeit des Zuhörens ungemein, da ich förmlich sehen kann, was gesagt wird. Abgesehen davon habe ich bemerkt, dass ich im Ergebnis in der Lage bin, intelligentere und einfühlsamere Fragen zu stellen. Wenn ich in der Vergangenheit oft nur genickt habe, mache ich mir heute Gedanken um Details der Geschichte, die ich höre. Wenn ich beispielsweise höre, dass jemand im Stau gestanden hat und ich beginne, mir das in Bildern vorzustellen, stellt sich mir automatisch die Frage, wo die betreffende Person eigentlich hingefahren ist. Wenn ich zu einem späteren Zeitpunkt danach frage, erhält mein Gegenüber nicht nur das Gefühl, dass ich aufmerksam zugehört habe, sondern dass ich mich wirklich dafür interessiere, was gesagt wurde.

Der zweite Schritt ist, dass ich mich darauf konzentriere, fünf volle Sekunden zu warten, wenn jemand aufgehört hat zu sprechen, bevor ich antworte. Das hört sich vielleicht extrem und lange an, versuchen Sie es aber dennoch mal. Lassen Sie die Worte Ihres Gesprächspartners auf sich wirken und antworten Sie erst dann. Dies vermittelt diesem das Gefühl, dass Sie wirklich zugehört haben.

Diese beiden Tricks haben Wunder bewirkt für mich. In Kombination mit der Anstrengung, präsenter zu sein, habe ich begonnen, Menschen wirklich zuzuhören.

Übung #2 – Hören Sie zu!

Beginnen Sie ein Gespräch mit jemandem und versuchen Sie, sich das Gesprochene in Bildern vorzustellen. Wenn Ihnen also jemand erzählt, dass er oder sie im Stau gestanden hat, stellen Sie sich vor, wie Ihr Gegenüber in einem Auto sitzt und wartet. Sie werden feststellen, wie viel einfacher Sie mit dem Menschen interagieren und empfinden können. Danach warten sie volle fünf Sekunden, bevor Sie antworten oder Ihren Teil dazu beitragen. Achten Sie aber darauf, dass diese Zeitspanne nicht komisch oder unheimlich wird. Stellen Sie sicher, dass sie einen warmen, freundlichen Gesichtsausdruck beibehalten. Ein sanftes Lächeln – wenn es die Situation erlaubt – oder ein Nicken mit dem Kopf kann dabei helfen. Halten Sie während dieser fünf Sekunden unbedingt Augenkontakt. Das vermittelt Ihrem Gegenüber das Gefühl, dass Sie wirklich seine Worte auf Sie wirken lassen.

Sie können mir glauben, wenn ich sage, dass Ihnen diese fünf Sekunden am Anfang wie eine Ewigkeit vorkommen werden. Mit ein wenig mehr Praxis werden Sie aber die Kraft erkennen, die hinter dieser Technik steckt.

Kapitel 5: Die Macht der Körpersprache

Ohne die richtige Körpersprache ist es nahezu unmöglich, wirklich charismatisch zu sein. Charismatiker wissen, dass die Körpersprache ungemein wichtig ist und sie achten sehr darauf, was sie mit Gesten, Mimik oder Körperhaltungen übermitteln.

Alles beginnt mit der richtigen Haltung des Körpers. Charismatiker vergewissern sich, dass sie aufrecht stehen oder sitzen. Sie lümmeln sich nicht auf das Sofa oder lassen die Schultern nach vorne fallen. Ihr Kopf ist aufgerichtet und sie sehen der Person, mit der sie es zu tun haben, direkt in die Augen. Das transportiert Selbstbewusstsein und vermittelt dem Gegenüber ein Gefühl von Vertrauen.

Versuchen Sie doch gleich mal, noch während Sie diese Zeilen lesen, an ihrer Körperhaltung zu arbeiten. Ziehen Sie Ihre Schultern zurück und setzen Sie sich gerade hin. Wenn Sie sich daran gewöhnt haben, eher mit rundem Rücken und nach vorne fallenden Schultern zu sitzen, kann es ein bisschen dauern, bis Sie sich an diese neue Körperhaltung gewöhnen, es ist aber wichtig, dass Sie sich darauf konzentrieren, wenn Sie ernsthaft an Ihrem Charisma arbeiten möchten.

Das zweitwichtigste Element, das Charismatiker meistern, ist ihr Gesichtsausdruck, die Mimik. So gut wie nie sehen Sie diese Menschen finster dreinblicken. Vielmehr werden Sie ein unterdrücktes Lächeln oder einen ruhigen Ausdruck in ihren Gesichtern finden, der Wärme und Freundlichkeit projiziert.

Gesichtsausdrücke sind allerdings der Teil der Körpersprache, der am schwierigsten zu kontrollieren ist, da sie meistens unbewusst gemacht werden und man sich in der Regel nicht darüber bewusst ist, dass man bestimmte Gesichtsausdrücke macht.

Das kann ich aus eigener Erfahrung bestätigen. Ich habe Menschen getroffen, die mir gesagt haben, dass sie mich irgendwo gesehen hätten und dass ich genervt oder verärgert ausgesehen habe. Das hat mich insofern überrascht, als dass ich weit davon entfernt gewesen bin, genervt oder verärgert zu sein. Wahrscheinlich habe ich über irgendein Problem nachgedacht oder einfach meine Gedanken schweifen lassen und war mir überhaupt nicht bewusst, dass ich dabei ein mürrisches Gesicht gemacht habe.

Die dritte wichtige Fähigkeit im Bereich der Körpersprache ist die Art und Weise, wie man geht. Jeder charismatische Mensch, den ich in meinem Leben getroffen habe, geht mit einer gewissen Bestimmtheit und Sicherheit. Das stammt vom Selbstvertrauen, das diese Menschen in sich tragen. Sie gehen mit einer Absicht, anstatt nur vor sich hin zu trotten. Sie gehen energiegeladen. Man kann fast sehen, dass sie sich auf einer Mission befinden. Stellen Sie sicher, dass Sie mit Bestimmtheit gehen und nicht nur ziellos umher wandern.

Der letzte Teil im Kapitel Körpersprache beschäftigt sich mit der Verwendung Ihrer Hände. Charismatiker nutzen ihre Hände, wenn sie sprechen. Die besten Redner setzen ihre Hände ein, um eine Geschichte zu erzählen. Denken Sie an Politiker oder Motivationsredner. Sie alle gestikulieren stark mit ihren Händen, während sie ihre Botschaft vermitteln. Die Verwendung Ihrer Hände ist etwas, das Sie mit Leben erfüllen kann, wenn Sie sprechen und vermittelt dem Zuhörer ein Gefühl von Dynamik, ohne dass Sie viel dafür tun müssen.

Übung #3 – Beherrschen Sie die nonverbale Kommunikation

Der erste Teil der Übung besteht darin, sich auf Ihre Körperhaltung zu konzentrieren. Stellen Sie bei Ihrer nächsten Konversation sicher, dass Ihre Körperhaltung Selbstvertrauen und Stolz ausstrahlt. Sitzen Sie aufrecht.

Als nächstes machen Sie sich bewusst, welchen Gesichtsausdruck Sie nach außen tragen. Das geht am besten, wenn Sie zunächst vor einem Spiegel trainieren und sich selber ein breites, freundliches Lächeln schenken. Sehen Sie, wie sich Ihre Augen und Ihr ganzes Gesicht aufhellen? Sie sehen sofort charismatischer aus und scheinen deutlich freundlicher.

Damit will ich natürlich nicht sagen, dass Sie den ganzen Tag grinsend durch die Gegend gehen sollen. Würden Sie das tun, käme das eher dumm als charismatisch rüber und manche Situationen laden einfach nicht zum Lächeln ein. Lächeln Sie aber in Gesprächen so oft es geht. Das projiziert Wärme und Freundlichkeit, was ein essentieller Teil von Charisma ist. Ich habe ja bereits angesprochen, dass es beim Thema Charisma vor allem darum geht, wie sich andere Menschen in Ihrer Gegenwart fühlen und warmherzig und freundlich zu sein sorgt mit Sicherheit dafür, dass sich die Menschen in Ihrem Umfeld großartig fühlen und gerne mit Ihnen zusammen sein wollen.

Wenn das Lächeln sitzt, konzentrieren Sie sich auf die Art und Weise, wie Sie gehen. Es hört sich vielleicht ein bisschen merkwürdig an, aber geben Sie sich einen Ruck und versuchen Sie es. Gehen Sie mit Sicherheit und einem Ziel, anstatt langsam zu schlendern.

Als letztes kommen die Hände dran. Ich habe mich dafür vor einen Spiegel gestellt, eine kurze Rede gehalten und mich dabei auf die Gesten meiner Hände konzentriert. Es ist wirklich nicht schwierig, wenn man die erste Scheu überwunden hat. Nehmen Sie sich einfach fünf Minuten und erzählen Sie sich selber eine kurze Geschichte. Setzen Sie Ihre Hände ein, um Ihre Erzählung mit Gesten zu unterstreichen. Je öfter Sie das wiederholen, desto natürlicher und dynamischer werden Sie scheinen.

Kapitel 6: Werden Sie ein brillanter Gesprächspartner

Charismatische Menschen sind interessante und hervorragende Gesprächspartner. Sie würden sich mit Sicherheit schwer tun, einen Charismatiker zu finden, der öde und langweilig ist.

Ein guter Gesprächspartner zu sein ist viel leichter, als es sich vielleicht anhört. Natürlich können Sie sich belesen und sich generell auf dem Laufenden halten und gut informieren. Das trägt ungemein dazu bei, vor allem in Smalltalk-Situationen nicht dumm dazustehen. Das kostet allerdings auch etwas Zeit und kann nicht über Nacht bewerkstelligt werden.

Es gibt aber einen schnelleren Weg, der Ihre Kommunikationsfähigkeiten verbessern kann. Sie müssen dafür nicht mal lesen. Ironischerweise müssen Sie auch nicht viel sprechen. Ein amerikanischer Schriftsteller und Erfinder von Kursen zur Selbstverbesserung hat mal geschrieben: *„A person's name is to that person the sweetest sound in any language".* Frei übersetzt heißt das, dass jeder Mensch den Klang des eigenen Namens am liebsten hört, egal in welcher Sprache. Damit ist gemeint, dass Menschen generell mehr an sich selbst interessiert sind als an irgendwas anderem und dass sie immer auf den Klang des eigenen Namens reagieren.

Wenn Sie Ihre Kommunikationsfähigkeiten im Handumdrehen verbessern wollen, brauchen Sie nicht mehr zu tun, als sich im Gespräch mehr auf die Person zu konzentrieren, mit der Sie sprechen, als auf sich selbst. Ich habe mal irgendwo gelesen, dass dies soziales Jiu-Jitsu genannt wird, da man im Grunde genommen eine

Form der Martial Arts ausübt, die allerdings nicht physisch, sondern in Form von Worten daher kommt.

Soziales Jiu-Jitsu ist die Kunst, Menschen dazu zu bringen, über sich selbst zu sprechen, ohne dass sie es wirklich merken. Ein Experte in sozialem Jiu-Jitsu ist total von Ihrer Geschichte über Ihren letzten Urlaub fasziniert oder davon, was Sie am vergangenen Wochenende erlebt haben. Er will alles von Ihnen wissen, was Sie machen und wer Sie sind.

Wer jemals mit einem Meister des sozialen Jiu-Jitsu zu tun hatte, wird sich über ein angenehmes 10-minütiges Gespräch gefreut haben, aber hinterher feststellen, dass er oder sie nichts über den Gesprächspartner erfahren hat. Lässt man das Gespräch Revue passieren, merkt man erst, dass man selber der einzige war, der gesprochen hat, während man sich gefühlt hat, als sei man die interessanteste Person der Welt.

Der größte Schritt auf dem Weg zu einem Experten in sozialem Jiu-Jitsu besteht darin, mehr einnehmende Fragen zur Person zu stellen, mit der man spricht, und dann aufmerksam zuzuhören. Dabei sollte man allzeit präsent sein und eine starke Körpersprache haben. Lassen Sie Ihr Gegenüber sprechen. Sobald Ihr Gesprächspartner den Satz beendet hat, antworten Sie und stellen Sie weitere Fragen, welche die Konversation wieder auf Ihr Gegenüber lenken.

Sie werden schnell merken, wie Sie dadurch interessanter wirken. So ironisch es sich auch anhört, werden die Menschen Sie interessanter finden und es genießen, Zeit mit Ihnen zu verbringen, wenn Sie ihnen das Gefühl vermitteln, interessant zu sein.

Ein weiteres Werkzeug, das Sie verwenden können, um Ihre Kommunikationsfähigkeiten zu verbessern, ist, den Namen Ihres Gegenübers öfter zu verwenden. Zwar sollte man es nicht übertreiben und den Namen in jedem zweiten Satz einfließen lassen, wenn man aber immer wieder mal den Namen seines Gesprächspartners fallen lässt, fühlt sich dieser gleich viel wichtiger. Das gilt vor allem, wenn man ein Gespräch beginnt oder einen Menschen trifft. Achten Sie einfach darauf, „Hallo Klaus" statt nur "Hallo" zu sagen, wenn Sie den Namen der Person kennen, die Sie treffen. Es hört sich nach einer Kleinigkeit an, aber gerade diese Details sind es, die einen deutlich stärkeren Eindruck hinterlassen.

Übung #4 – Werden Sie ein Meister im sozialen Jiu-Jitsu

In dieser Übung müssen Sie ein Gespräch mit einem Menschen führen und darauf achten, die Konversation sanft auf diesen zurückzuführen, um diesen dazu zu bringen, fast die ganze Zeit über sich selbst zu sprechen. Das ganze sollte aber so natürlich wie möglich wirken, was es nötig macht, dass auch Sie sprechen. Sobald Sie aber merken, dass Sie häufiger sprechen oder mehr sagen, als Ihr Gegenüber, führen Sie das Gespräch auf die Person zurück, indem Sie eine Frage stellen oder die Meinung Ihres Gegenübers erbitten. Stellen Sie Fragen, welche die Worte „warum" oder "wie" enthalten.

Kapitel 7: Haben Sie Visionen und Ziele

Sie haben vermutlich nicht erwartet, in einem Buch über Charisma ein Kapitel über Ziele zu finden. Allerdings ist es eine Tatsache, dass charismatische Personen Visionen und Ziele haben. Grund genug also, etwas näher darauf einzugehen.

Charismatiker wissen, was sie erreichen wollen, was Sie mit ihrem Leben machen wollen. Wenn Sie einen charismatischen Menschen fragen, was er innerhalb der nächsten zwölf Monate erreichen möchte, rattert er ihnen vermutlich innerhalb von Sekunden eine ganze Liste runter. Fragen Sie ihn, wo er sich in zehn Jahren sieht, hat er auch dazu etliche Antworten parat. Charismatiker schlendern nicht nur einfach durchs Leben. Sie sind motiviert, engagiert und haben klar definierte Ziele, die sie während ihrer Lebenszeit erreichen wollen.

Ich persönlich glaube, dass Ziele unglaublich wichtig sind. Wer sich Ziele steckt und diese erreicht, erzielt dadurch Erfolge. Diese Erfolgserlebnisse verändern einen und machen ihn oder sie automatisch zu einem besseren Menschen. Sobald man realisiert, dass die Ziele, die man sich gesteckt hat, erreichbar sind, wird man fast süchtig danach. Dadurch verändert sich die gesamte Lebenseinstellung. Man ist nicht mehr die schüchterne, stille Person, die ihr Leben im Schatten der anderen lebt. Man vermisst nicht länger Richtung, Motivation und Antrieb im Leben. Stattdessen wird man selbstbewusster und freut sich darauf, die nächste Herausforderung anzunehmen. Gerade bei Letzterem handelt es sich um Schlüsseleigenschaften von charismatischen Menschen.

Sich Ziele zu setzen ist also extrem wichtig, wenn man sein Charisma verbessern will. Versuchen Sie aber, nicht über das Ziel hinauszuschießen. Sich Ziele zu setzen, die realistisch betrachtet nicht erreicht werden können, frustrieren nur und man verliert die Motivation.

Bevor man damit beginnt, sich Ziele zu stecken, muss man zunächst eine Vision haben, eine Vorstellung, was man in Zukunft erreichen möchte. Nur dann kann man den Weg dahin in kleinere Ziele unterteilen, die man mühelos oder mit ein wenig Anstrengung und Willensstärke erreichen kann. Lassen Sie mich das an einem Beispiel verdeutlichen. Sagen wir, dass meine große Vision ist, einen athletischen Körper zu haben und in Zukunft Marathons laufen zu wollen. Dafür habe ich mir das Ziel gesetzt, fünf Kilogramm abzunehmen. Selbst wenn ich es nicht schaffe, in meinem selbst gesteckten Zeitrahmen das Ziel zu erreichen, erinnere ich mich an meine große Vision, stecke mir ein neues Ziel und setze alles daran, es dieses Mal zu erreichen. Die Vision ist es, die mich motiviert, nicht so sehr das Zwischenziel.

Sie sollten sich Ihre Ziele aufschreiben. Ich persönlich nutze dafür mein Smartphone, weil ich es täglich in der Hand habe und mir meine Ziele immer wieder vor Augen führen kann. Natürlich tut es aber auch ein Blatt Papier, wenn Sie es mit Technik nicht so haben. Wann immer ich die Chance habe, rufe ich meine Zielliste auf, sehe mir an, was ich bereits erreicht habe und was noch vor mir liegt.

Übung #5 – Der Masterplan

Nehmen Sie sich 20 Minuten Zeit und machen Sie es sich in einer ruhigen Ecke bequem. Denken Sie konzentriert darüber nach, was Sie in Ihrem Leben erreichen möchten. Schaffen Sie sich eine Vision, einen Masterplan.

Als nächstes denken Sie darüber nach, welche Ziele Sie in den nächsten zwölf Monaten erreichen müssen, um Ihre Vision in die Realität umzusetzen. Denken Sie in jeden Bereich Ihres Lebens hinein und fragen Sie sich, was Sie wirklich wollen. Erstellen Sie eine Liste, in die Sie jedes Ihrer Ziele eintragen. Wiederholen Sie den letzten Schritt jeden Tag. Das hilft Ihnen, nicht den Fokus zu verlieren und motiviert ungemein. Es dauert nicht länger als fünf Minuten und ist ein Schlüsselfaktor.

Abschließend wenden Sie dieselbe Methode auf Ihr Charisma an. Denken Sie über Ihre Vision nach. Wie werden Sie aussehen? Wie werden Sie sich anhören? Wie werden sich die Menschen fühlen, die mit Ihnen zu tun haben? Brechen Sie dann die Vision in kurzfristige und langfristige Ziele runter. Ein kurzfristiges Ziel könnte beispielsweise sein, sich auf drei Kapitel dieses Buches zu konzentrieren, bis Sie diese beherrschen.

Wiederholen Sie dies jeden Tag und Sie werden erstaunt sein, wie sehr sich Ihr Charisma verbessern wird. Sie werden feststellen, wie Ihr Selbstvertrauen täglich steigt.

Zielsetzung befindet sich auf der Agenda eines jeden charismatischen Menschen überall auf der Welt. Stellen Sie sicher, dass es auch auf der Ihren ist.

Kapitel 8: Bleiben Sie fit und ansehnlich

Charismatische Menschen gibt es in allen Formen und Größen, von der dynamischen Führungsperson an Ihrem Arbeitsplatz in Anzug und Krawatte über den Profisportler bis hin zum Hollywood-Schauspieler. Charisma hat viele Erscheinungsbilder, aber ein sicherer Weg, Ihr Charisma zu verbessern, ist, in Form zu kommen und sich besser zu kleiden. Sie müssen nicht wie ein Athlet oder ein Model aussehen und sicherlich keine teuren Anzüge tragen. Es reicht, wenn Sie darauf achten, wie Sie aussehen und alles daran setzen, mit Ihrem Aussehen zufrieden zu sein.

Wenn Sie mit Ihrem Körper zufrieden sind und Kleidung tragen, die Ihnen steht und Sie gut aussehen lässt, fühlen Sie sich besser. Wenn Sie sich gut fühlen, werden Sie automatisch charismatischer. Mehr noch: Ich möchte behaupten, dass es so gut wie unmöglich ist, wirklich charismatisch zu sein, wenn Sie sich in Ihrer Haut nicht wohl fühlen. Irgendwann wird Ihre Unsicherheit durchscheinen und Ihr Charisma unter sich begraben.

Eines meiner Ziele ist es, mindestens drei Mal pro Woche ins Fitnessstudio oder joggen zu gehen. Ich möchte nicht aussehen wie ein Bodybuilder. Ich möchte lediglich in Form bleiben und dafür sorgen, dass ich mit meinem Aussehen zufrieden bin. Ich werde mich vermutlich nie in ein Fitnessmodel verwandeln, aber ich bin absolut sicher, dass mein Körper straffer und definierter aussehen wird, was dazu führt, dass ich mich besser fühle, weswegen mein Charisma-Level automatisch steigen wird.

Wenn es zu Kleidung kommt, muss es nicht teuer sein. Ich achte lediglich darauf, dass mir die Klamotten stehen und ich mich gut darin fühle. Dabei lege ich keinen Wert auf Markenkleidung, ein Polo-Shirt für unter 30 Euro erfüllt voll und ganz seinen Zweck, wenn es gut sitzt. Es hört sich vielleicht simpel an, aber es ist wirklich wichtig, dass Sie sich sowohl wie möglich fühlen, wenn Ihnen wirklich daran gelegen ist, Ihr Charisma zu verbessern.

Übung #6 – Bewegen Sie sich

Ihre nächste Aufgabe ist es, einen Plan zu erstellen, um in Form zu kommen. Sie brauchen kein Six-Pack, um gut auszusehen. Erstellen Sie sich einfach einen simplen Fitnessplan, um Ihren Körper ein wenig straffer zu gestalten. Dies wird einen enormen Effekt darauf haben, wie Sie sich selbst sehen und sich fühlen.

Es gibt viele nützliche Apps für Smartphones, die dabei helfen, den Verlauf des Workouts zu dokumentieren. Mein persönliches Ziel ist es beispielsweise, jeden Tag Liegestütze zu machen. Die App, die ich mir besorgt habe, zählt die Tage seit Beginn des Trainings und dokumentiert die Anzahl der Liegestütze, die ich jeden Tag mache. Ich habe mir keine bestimmte Anzahl vorgenommen, die ich pro Tag mache, da ich die Erfahrung gemacht habe, dass dies dazu führen kann, dass ich es übertreibe und dann schnell die Lust verliere.

Mein Ziel ist es also, jeden Tag Liegestütze zu machen. An manchen Tagen mache ich 100, an anderen vielleicht nur zehn. Meistens beginne ich den Tag mit 20 schnellen Liegestützen. So weiß ich, dass ich mein Tagesziel bereits erreicht habe, was auch immer der Tag bringt. Mein Ziel ist ein „Liegestütz-Lifestyle". Der Hintergedanke dabei ist, dass ich in einem oder spätestens zwei Jahren deutlich besser aussehen werde als heute und dass es mich nur wenige Minuten pro Tag kostet.

Erstellen Sie sich jetzt Ihren persönlichen Fitnessplan und werden Sie noch heute aktiv!

Kapitel 9: Übernehmen Sie Verantwortung

Ein elementarer Charakterzug von charismatischen Menschen ist, dass sie sich nicht beschweren oder beklagen. Sie wissen, dass es zu nichts führt. Damit will ich natürlich nicht sagen, dass Sie andere Menschen auf Ihnen herumtrampeln lassen oder nicht für sich selbst einstehen sollen, wenn Ihnen Unrecht widerfährt. Damit will ich sagen, dass wirklich charismatische Menschen sich nie über die alltäglichen Dinge beklagen, mit denen jeder von uns zu kämpfen hat. Es liegt ihnen einfach nicht im Blut.

Charismatiker übernehmen vielmehr die Verantwortung für alles, was um sie herum oder ihnen passiert. Sie wissen, dass sie es sind, die die Kontrolle über ihr Leben haben und dass sowohl ihr Glück, als auch ihre Zukunft ganz allein in ihren eigenen Händen liegen. Ihr Standpunkt ist nicht, dass ihnen Dinge passieren. Sie glauben, dass sie Dinge geschehen lassen, dass sie es den Dingen erst ermöglichen, zu passieren. Charismatiker sind aufgrund der Dinge, die sie getan haben oder die sie nicht getan haben dort, wo sie sich in ihrem Leben befinden. Diese Einstellung, die durch und durch positiv ist, findet man bei den meisten erfolgreichen Menschen, die im Leben meistens gewinnen.

Wenn Sie beginnen, Verantwortung für Ihr Leben zu übernehmen, werden Sie schnell feststellen, dass sie anfangen, Ihre Ziele und Pläne in die Tat umzusetzen und zu tun, was auch immer nötig ist, um sich Ihr Leben so zu gestalten, wie Sie es gerne hätten. Das führt dazu, dass sie mehr und mehr Besitz von Ihrem eigenen Leben ergreifen, was wiederum zu mehr Charisma führt.

Übung #7 – Beschweren Sie sich nicht

In dieser Übung möchte ich, dass sie über die Ereignisse nachdenken, die dazu geführt haben, wo Sie sich in ihrem Leben befinden. Warum leben Sie wo Sie leben? Warum arbeiten Sie wo Sie arbeiten? Wenn Sie nicht arbeiten – warum nicht?

Natürlich ist nicht jedes kleine Detail, das Ihnen im Leben widerfährt, Ihre Schuld. Der Punkt ist, dass Sie die Macht haben, alle möglichen Dinge zu ändern und in 99% der Fälle sind Sie wo Sie sind aufgrund der Entscheidungen, die Sie getroffen oder nicht getroffen haben.

Nehmen wir an, dass Sie im morgendlichen Stau stecken. Ist es wirklich Ihre Schuld, dass so viele Autos auf der Straße sind? Natürlich nicht. Aber denken Sie mal darüber nach, wie viele Millionen von Menschen im selben Augenblick nicht im Stau stecken. Warum passiert es also Ihnen? Ist es, weil Sie auf dem Weg zur Arbeit sind? All die Entscheidungen, die Sie in Ihrem Leben bislang getroffen haben, haben dazu geführt, dass Sie dort arbeiten, wo sie arbeiten. Deshalb stecken Sie im Stau. Ich hoffe, Sie erkennen, worauf ich hinaus will. Ich versuche nicht, Ihnen die Schuld dafür in die Schuhe zu schieben. Ich will Ihnen nur klar machen, dass es Ihre Entscheidungen sind, die zu bestimmten Situationen führen. Wenn Sie im Stau auf dem Weg zur Arbeit stehen, dann deshalb, weil Sie dort arbeiten, wo Sie arbeiten. Oder vielleicht deshalb, weil Sie morgens gerne zehn Minuten länger liegen bleiben. Möglicherweise auch deshalb, weil Sie sich gegen den Öffentlichen Nahverkehr und die Annehmlichkeiten des eigenen Autos entschieden haben.

Charismatische Menschen übernehmen für jeden Aspekt ihres Lebens die Verantwortung und es ist wichtig, dass auch Sie damit beginnen. Denken Sie intensiv darüber nach, warum Sie sind, wo Sie gerade sind. Entscheiden Sie dann, was Sie tun können, um Ihre Situation zu verbessern. Fassen Sie den Entschluss, sich nicht mehr über alltägliche Dinge zu beschweren.

Kapitel 10: Bescheidenheit und Freundlichkeit

Charismatiker sind keine Angeber – im Gegenteil. Sie verfügen über genug Selbstbewusstsein und haben es nicht nötig, vor anderen zu prahlen. Sie versuchen nicht, sich permanent ins Rampenlicht zu stellen, sondern lassen eher andere im Glanz erscheinen. Garantiert verschwenden wirklich charismatische Menschen ihre Zeit nicht darauf, anderen von sich selbst und ihren Erfolgen zu erzählen, ohne auch nur das geringste Interesse an ihrem Gegenüber zu bekunden.

Wenn Sie an Ihrem Charisma arbeiten wollen, bleiben Sie bescheiden. Bevor Sie daran denken, von Ihnen zu erzählen, stellen Sie Fragen über Ihre Mitmenschen, loben Sie diese für Ihre Leistungen. Posaunen Sie nicht ungefragt heraus, was Sie in Ihrem Leben alles erreicht haben, wie viel Geld Sie verdienen oder was für ein teures Auto Sie fahren. Wenn es Ihre Mitmenschen wirklich interessiert, werden diese Sie schon danach fragen. Es ist sehr viel beeindruckender für andere herauszufinden, wie erfolgreich Sie sind, als wenn Sie es jedem ungefragt auf die Nase binden.

Neben Bescheidenheit ist Freundlichkeit ein Schlüsselelement, wenn es zu Charisma kommt. Charismatische Menschen sind fast immer freundlich und lächeln von innen heraus. Sie schaffen es, dass ihre Mitmenschen gerne mit einem zusammen sind, da Charismatiker andere Menschen behandeln, wie diese gerne behandelt werden möchten. Zwar ist es nicht immer möglich, freundlich zu sein. Wenn Sie aber auf andere Menschen charismatisch wirken möchten, sollten Sie so oft es nur irgend geht ein Lächeln aufsetzen, Wärme ausstrahlen und aufrichtig freundlich sein. Sie müssen es erreichen, dass sich andere Menschen in Ihrer Gesellschaft wohl fühlen.

Übung #8 – Bitte lächeln

Die nächste Übung ist meines Erachtens die einfachste von allen: Seien Sie freundlich zu Ihren Mitmenschen. Lächeln Sie, so oft es geht und angemessen ist. Suchen Sie in jedem Menschen nach dem Guten. Halten Sie Ausschau nach magischen Momenten und werden Sie sich bewusst, wie viel schöne und erfreuliche Dinge es im Leben gibt. Ich stelle mir manchmal ein goldenes Licht vor, das über meinem Kopf schwebt. Das hilft mir dabei, Freundlichkeit und Wärme auszustrahlen, wann immer ich kann.

Dies mag nicht für jeden funktionieren, aber Sie müssen sich etwas ausdenken, das Sie daran erinnert, eben diese Freundlichkeit und Wärme zu transportieren. Für mich ist es das goldene Licht, für Sie kann es ein Zitat oder ein Sprichwort sein, das Sie sich ein paar Mal am Tag aufsagen. Finden Sie heraus, was Ihnen am besten hilft und nutzen Sie es. Konzentrieren Sie sich darauf, die Person zu sein, die Menschen gerne um sich herum haben, weil sie freundlich und nett sind und immer ein Lächeln auf den Lippen haben.

Charismatische Menschen sind wahre Spezialisten, wenn es darum geht, herzliche, ernst gemeinte Wärme auszustrahlen, deshalb sollten Sie unbedingt daran arbeiten.

Kapitel 11: Vertrauen Sie – vor allem in sich selbst

So sehr Sie sich auch anstrengen – ohne Selbstvertrauen wird es Ihnen auf Dauer nicht gelingen, wirklich charismatisch zu werden. Zwar kann es sein, dass Sie hin und wieder Ihre Mitmenschen hinsichtlich Ihres Charisma täuschen können, auf lange Sicht aber wird ein Mangel an Selbstvertrauen dazu führen, dass sich Ihr Charisma in Luft auflöst und Ihre Unsicherheit für jedermann sichtbar wird.

Die charismatischsten Menschen dieser Welt haben nicht nur eine gesunde Portion Selbstvertrauen, sie können sogar aus dem Übermaß schöpfen. Es ist dieses Selbstvertrauen, das dafür sorgt, dass sich Menschen zu ihnen hingezogen fühlen. Dieses Selbstvertrauen lässt sie ohne Probleme mit Menschen in Kontakt treten, die sie noch nie in ihrem Leben getroffen haben und Gespräche mit Personen beginnen, mit denen sie noch nie gesprochen haben. Es ist dieses unglaubliche Vertrauen in die eigene Person und die eigenen Fähigkeiten, welches dafür sorgt, dass sich Charismatiker wohl in ihrer Haut fühlen und mit sich komplett im Reinen sind und niemals die Notwendigkeit verspüren, vor anderen anzugeben oder sich ins Rampenlicht zu stellen.

Unsichere Personen mit einem Mangel an Selbstvertrauen versuchen ständig, sich und anderen etwas zu beweisen. Dies wird man bei Menschen mit Charisma nicht erleben. Sie haben es einfach nicht nötig, andere Menschen zu unterbrechen und das Gespräch immer wieder auf sich zu lenken. Sie haben nicht das Bedürfnis, andere mit ihren Geschichten über erzielte Erfolge zu langweilen. Stattdessen interessieren sie sich viel mehr für die Erzählungen ihrer Mitmenschen, weswegen sie Charisma ausstrahlen, wo immer sie auch auftauchen.

Wer also sein Charisma aufpolieren will, muss Selbstvertrauen entwickeln. Das ist aber leichter, als es sich vielleicht anhört und kann wie alles andere erlernt werden. Meines Erachtens gibt es zwei große Aspekte, wenn es zum Aufbau von Selbstvertrauen kommt, auf die ich näher eingehen möchte.

Die Macht der Wiederholung und Bestimmtheit

Wer bezüglich einer bestimmten Fähigkeit oder Aufgabe selbstsicherer möchte, sollte sie so oft wie möglich wiederholen und trainieren. Permanente Wiederholungen führen automatisch zu besseren Leistungen. Wenn ich Sie beispielsweise frage, ob Sie in diesem Moment das Alphabet singen können, werden die meisten damit keine Probleme haben. Natürlich nicht, schließlich haben Sie es wahrscheinlich mehr als tausend Mal in Ihrer eigenen schulischen Laufbahn und später mit Ihren Kindern gesungen. Es wurde Ihnen regelrecht ins Gehirn eingepflanzt. Mit keiner Faser Ihres Körpers zweifeln Sie an Ihrer Fähigkeit, das ABC singen zu können. Mit anderen Worten: Sie sind sich sicher, dass Sie es singen können.

Dasselbe gilt für jede andere Aufgabe, der Sie sich stellen müssen. Je sicherer Sie sich sind, bestimmte Dinge erledigen zu können, desto größer ist Ihr Selbstvertrauen. Wenn es Ihnen an dieser Sicherheit fehlt, mangelt es Ihnen automatisch an Selbstvertrauen. Der Schlüssel liegt in der permanenten Wiederholung von Tätigkeiten. Wiederholungen führen zu Sicherheit, Sicherheit führt zu Selbstvertrauen, Selbstvertrauen führt zu Charisma.

Selbstbewusstsein schafft Selbstvertrauen

Charismatische Menschen scheinen selbst dann extremes Selbstvertrauen zu haben, wenn sie Dinge zum ersten Mal tun. Wenn aber Wiederholungen zu Sicherheit und Sicherheit zu Selbstvertrauen führen, wie kann es sein, dass Charismatiker dieses Selbstvertrauen aufbringen, obwohl sie eine Sache noch nie gemacht haben? Die Antwort auf diese Frage liegt im Selbstbewusstsein dieser Menschen. Sie wissen, wer sie sind, wofür sie stehen und welche Werte sie vertreten. Sie lassen es schlichtweg nicht zu, dass Sicherheit ihr Maß an Selbstvertrauen bestimmt.

Nehmen wir an, dass Sie vor einer Gruppe fremder Menschen eine kurze Präsentation Ihrer Arbeit geben müssen. Wenn Sie dies nicht schon öfter gemacht haben, kann es sein, dass Sie an sich und Ihren Fähigkeiten zweifeln. Das führt zu mangelndem Selbstvertrauen und zu einer eher holprigen Präsentation.

Charismatische Menschen, die sich komplett wohl in ihrer Haut fühlen und selbstbewusst sind, kümmern sich nicht darum, was andere Menschen über sie denken. Ihre Fähigkeit, eine unvorbereitete Rede zu halten, hat keinen Einfluss darauf, wer sie sind. Sie definieren sich durch ihre Moral und ihre Werte, für die sie stehen, nicht durch ihre Fähigkeiten. Daher stellen sie sich gerne jedem Szenario, unabhängig davon, ob sie eine Sache bereits mehrfach gemacht haben oder nicht.

Sich seiner selbst bewusst zu werden ist ein Prozess, der im Innern beginnt. Es setzt voraus, dass Sie sich damit auseinandersetzen, wer Sie sind, woran Sie glauben und was Ihre wahren Werte sind. Wenn Sie dies herausgefunden haben, halten Sie daran fest und lassen

Sie nicht mehr los. Begehen Sie nicht den Fehler, zu versuchen, sich den Menschen in Ihrem Umfeld anzupassen und Ihre Werte, Überzeugungen und Moralvorstellungen aufs Spiel zu setzen, nur weil andere diese nicht teilen. Ihr Selbstbewusstsein würde automatisch schwinden, weil Sie das Gespür dafür verlieren würden, wer Sie als Mensch sind.

Wenn Sie mental so gefestigt sind, dass Sie Ihre Überzeugungen, Ihre Werte und Moralvorstellungen nicht so einfach aufgeben, spielt es eigentlich keine Rolle mehr, was das Leben für Sie bereithält. Es spielt keine Rolle, ob Sie eine spontane Rede vor fremden Menschen halten können, da Sie unabhängig davon wissen, wer Sie sind. Ihr Selbstvertrauen wird nicht mehr von äußeren Faktoren beeinflusst.

Fazit

Ich möchte Ihnen danken, dass Sie sich die Zeit genommen haben, diese Zeilen zu lesen. Es beweist, dass es Ihnen ernst damit ist, an Ihrem Charisma zu arbeiten und dass Sie bereit sind, die erforderlichen Schritte in Angriff zu nehmen. Vergessen Sie nicht, dass alle Fähigkeiten, die man als charismatischer Mensch braucht, erlernbar sind.

Beginnen Sie damit, sich Gedanken über sich selbst zu machen. Finden Sie heraus, wer Sie wirklich sind und wofür Sie stehen. Werden Sie sich Ihrer Stärken und Schwächen bewusst und beginnen Sie gezielt, an sich zu arbeiten.

Werden Sie zu einem guten Zuhörer, der seinen Gesprächspartnern seine ungeteilte Aufmerksamkeit schenkt und sich wirklich dafür interessiert, was andere zu sagen haben. Versuchen Sie, so viel wie möglich über Ihre Mitmenschen zu erfahren und halten Sie sich mit Geschichten über Ihr eigenes Leben zurück. Nehmen Sie sich selbst nicht zu wichtig und stellen die Menschen in Ihrem Umfeld in den Mittelpunkt. Vergessen Sie nicht, dass charismatischen Menschen vor allem daran gelegen ist, dass sich ihre Mitmenschen gut fühlen.

Arbeiten Sie an Ihrer Körpersprache und vermitteln Sie Ihren Gesprächspartnern das Gefühl, dass diese das Wichtigste auf der Welt sind. Das erreichen Sie durch uneingeschränkte Präsenz, Bescheidenheit und Freundlichkeit. Machen Sie Komplimente und loben andere, wenn dies angebracht ist. Inspirieren und motivieren Sie Ihre Mitmenschen. Sorgen Sie einfach dafür, dass sich andere wohl in Ihrer Gegenwart fühlen und gerne mit Ihnen zusammen sind.

Sollten Sie entdecken, dass Sie mit dem einen oder anderen Punkt Schwierigkeiten haben, dass Ihnen bestimmte Dinge nicht so leicht fallen, üben Sie diese regelmäßig. Seien Sie sich darüber im Klaren, dass noch kein Meister vom Himmel gefallen ist. Je häufiger Sie etwas tun, desto sicherer werden Sie.

Lassen Sie mich dieses Buch mit einem Zitat von Maya Angelou abschließen, die gesagt hat:

„Ich habe gelernt, dass Menschen vergessen, was ich gesagt und was ich getan habe. Sie werden aber nie vergessen, wie sie sich mit mir gefühlt haben."

In diesem Sinne wünsche ich Ihnen viel Erfolg auf Ihrem Weg zu einem echten Charismatiker!

Sebastian Keller

Hier eine kostenlose Vorschau auf ein Buch, das Ihnen auch gefallen könnte:

„Körpersprache lesen: Wie Sie die Körpersprache anderer Menschen durchschauen und ganz einfach entschlüsseln können"

Kapitel 2: Die Kunst des effektiven Fragens

Viele Menschen begehen kleine Fehler, wenn sie in eine Konversation einsteigen. Ganz oben in der Liste steht dabei die Unfähigkeit ein, Kommentare auf angenehme Art und Weise zu platzieren oder zu akzeptieren. Wer anderen kleine Komplimente macht, sorgt damit für ein Wohlfühlgefühl beim Gegenüber. Die Person genießt in dem Moment, sich mit uns zu unterhalten. Dabei handelt es sich um eine einfache Technik, eine Konversation im sozialen Umfeld entscheidend zu verbessern. Man sollte ein begründetes Argument oder eine gute Idee genauso zu schätzen wissen, wie man sich für ein erhaltenes Kompliment bedanken sollte.

Der zweite Fehler, den viele Menschen in Gesprächen gerne begehen, ist, dass sie nicht aufmerksam genug zuhören. Gutes Zuhören ist ein wichtiger Aspekt einer guten Konversation. Um genau zu sein, sind aufmerksames Zuhören und effektives Antworten die Basis eines jeden Gesprächs. Grundsätzlich ist die Kunst des aktiven Zuhörens recht einfach und besteht aus immer den gleichen Phasen: zuhören, kommentieren oder Beraten, wiederholen der Schlüsselpunkte und sinnvoll fragen, um die Konversation zu fördern. Der Aspekt des Fragens spielt dabei eine wichtige Rolle. Oft sind sich Menschen allerdings nicht sicher, welche Art von Fragen sie stellen sollen. Als Grundregel sollte man sich merken, keine stereotypen Fragen zu stellen, sondern vielmehr solche, die einen sinnvollen Beitrag zum Gespräch darstellen.

Der größte Fehler allerdings ist es, Konversationen zu dominieren. Für einen selber ist es oft schwierig zu erkennen, ab wann man ein Gespräch dominiert. Was als

Gespräch zwischen zwei oder mehreren Menschen begonnen wurde, kann schnell in einem Vortrag enden, indem man selber der Einzige ist, der spricht. Oft geschieht dies, wenn man hinsichtlich eines Themas sehr engagiert oder nervös ist.

Nachdem wir nun die üblichen Fehler kennen, lassen Sie uns mal schauen, wie man es besser machen kann. Gute Fragen sind ein Kennzeichen für Produktivität, eine positive Einstellung und können uns dabei helfen, unsere Ziele zu erreichen. Eine Grundvoraussetzung ist dabei natürlich, dass man die Kunst des effektiven Zuhörens beherrscht. Die Vorzüge des effektiven Fragens im Geschäftsleben beinhalten:

- bedeutsame Verbindungen mit Kunden
- richtiges Erkennen und Verstehen der Kundenprobleme
- eine effektive Arbeitskultur innerhalb der Organisation
- einen verbesserten Informationsfluss
- eine Verbesserung des Verhandlungsgeschicks
- eine Reduzierung der Kommunikationsfehler
- die Fähigkeit, nützliches Feedback zu geben
- die Möglichkeit, Ideen und Erfahrungen mit anderen zu teilen

Doch was verbirgt sich genau hinter dem Begriff „effektive Fragen“? Es handelt sich dabei um Fragen, die Denkanstöße geben und starke Reaktionen provozieren. Dies sind in der Regel offene Fragen, mit denen man die Möglichkeit hat, wertvolle Informationen zu sammeln. Dabei sollte man nicht vergessen, geduldig auf die Antworten auf diese Fragen zu warten, um zu vermeiden, dass das Gegenüber eine Verteidigungshaltung aufbaut.

Anstatt nur Vermutungen anzustellen, muss man herausfinden, was die andere Person in Hinsicht auf das Gesprächsthema wirklich weiß. Das kann beispielsweise durch die Frage „Wie beurteilen Sie das Problem?“ geschehen. Starke Fragen verbessern den Kommunikationsprozess und helfen, die andere Person besser zu verstehen. Solche Fragen werden vor allem bei Interviews oder in Verhandlungsgesprächen verwendet oder wenn es darum geht, zu einer Problemlösung zu kommen.

Einige wirklich starke Fragen sind beispielsweise

„Was halten Sie von dem Problem?“

„Wie beurteilen Sie die Strategie?“

„Was hindert Sie?“

und viele mehr.

Eher ergebnisorientierte Fragen geben eine Idee, wie eine Arbeit oder eine Aktivität angegangen werden soll. Beispiele hierfür sind

„Was ist Ihr Plan?",

„Was wollen Sie erreichen?"

und andere.

Fragen wie

„Was werden Sie tun?" oder

„Was ist Ihr nächster Schritt?"

dienen der Ermittlung von Handlungen, die erfolgen müssen, um ein bestimmtes Ziel zu erreichen.

Obwohl es viele Gründe dafür geben kann, dass wir spezielle Fragen stellen, hängt die erhaltene Antwort von der Art der Frage ab. Die einfachste Form von Fragen ist unterteilt in offene und geschlossene Fragen. Geschlossene Fragen laden zu einer definitiven Antwort ein, die entweder richtig oder falsch ist. Außerdem sind die Antwortmöglichkeiten bei einer geschlossenen Frage oftmals sehr begrenzt. Sie sind bestens geeignet, um eine Konversation einzuleiten und dienen oft dazu, Fakten zu sammeln und das Gegenüber zu ermuntern, sich am Gespräch zu beteiligen. Die geschlossenen Fragen „Wie heißen Sie?" und „Möchten Sie einen Kaffee?" sollen hier nur als Beispiel dienen. Diese und andere geschlossene Fragen laden die andere Person ein, mit nur einem Wort zu antworten.

Offene Fragen auf der anderen Seite dienen dazu, längere Antworten zu provozieren, die einen gewissen Informationsgehalt aufweisen und einiges an Kreativität voraussetzen. Die offenen Fragen werden in Suggestivfragen, Erinnerungs- und Antwortfragen und rhetorische Fragen unterteilt.

Suggestivfragen

Eine Suggestivfrage dirigiert die Antwort subtil in eine bestimmte Richtung. Sie dienen häufig als „Sprungbrett", um weitere Fragen anzuschließen und schließlich das gewünschte Ergebnis zu erhalten. Beispielsweise drängt die Frage "Wollen Sie nicht auch mehr Gerechtigkeit auf dieser Welt?" den Befragten durch die Verwendung der Worte "nicht auch" in die gewünschte zustimmende Richtung. Die im Anschluss stehende Frage "Wollen sie dann nicht unseren Verein gegen die Ausbeutung der Kinderarbeiter in Nepal mit einer Spende unterstützen?" ist nur noch schwer zu verneinen.

Erinnerungs- und Antwortfragen

Die so genannten Erinnerungsfragen können nur beantwortet werden, wenn der Befragte über gewisse Informationen verfügt. So muss man für die Beantwortung der Frage „Was ist die Hauptstadt der USA?" sowohl die Fakten kennen, als auch sich an diese erinnern. Antwortfragen erfordern einen tieferen Denkprozess bzw. eine Analyse. Ein Beispiel ist die Frage „Was sind die Vor- und Nachteile von Software zur Kindersicherung von Computern?".

Rhetorische Fragen

Rhetorische Fragen sind eine Art offener Fragen, die vor allem gestellt werden, um eine bestimmte Wirkung zu erzielen und die nicht zwingend eine Antwort erfordern. Wer beispielsweise fragt „Schämst du dich nicht für dich selbst?" oder „Bekommst du gar nichts richtig hin?" erwartet nicht wirklich, dass der Befragte darauf antwortet. Professionelle Sprecher verwenden die rhetorische Frage oft in Präsentationen, um Zuhörer zum Nachdenken zu motivieren. Auch Dozenten, religiöse Führer oder Politiker bedienen sich gerne dieser Technik, um die Aufmerksamkeit großer Zuhörerschaften zu erhalten.

Trichtern von Fragen

Der Prozess des so genannten Trichterns beinhaltet eine Reihe von Fragen, die abhängig von den Antworten gestellt werden. Die Fragen sind oft restriktiver Natur, beginnen mit einer offenen und enden mit einer geschlossenen Frage. Ein Beispiel für diese Fragetechnik wäre

„Wann genau bist du nach Hause gekommen?"

„Was hast du gemacht, nachdem du nach Hause gekommen bist?"

„Um wie viel Uhr hast du zu Abend gegessen?"

„Wirst du morgen ins Büro gehen?"

Trichterfragen können auch auf dem umgekehrten Weg gestellt werden, bei dem mit einer geschlossenen Frage begonnen und mit einer offenen Frage geendet wird. Anwälte oder Berater nutzen diese Technik, um ein Maximum an Informationen zu erhalten.

Nach der Frage folgt die Antwort

Nachdem wir die verschiedenen Arten von Fragen kennen, werfen wir nun einen Blick auf die verschiedenen Antworttypen:

- Die ehrliche und direkte Antwort ist wohl die, die ein jeder Frager bevorzugt.
- Jedoch können Menschen auch lügen, wenn sie auf eine direkte Frage antworten. Ein kluger Frager kann diese Lüge allerdings schnell entdecken, nicht nur aufgrund der Plausibilität der Antwort, sondern auch aufgrund der nonverbalen Kommunikation direkt vor und nach der Beantwortung der Frage.
- Eine Antwort kann komplett aus dem Zusammenhang gerissen oder irrelevant sein. Diese Art von Antworten wird gerne gegeben, wenn der Befragte versucht, das Thema zu wechseln. Die beste Option für den Frager in so einem Moment ist es, die Frage einfach noch einmal zu formulieren, um eine angemessene Antwort zu enthalten.
- Vor allem in der Politik begegnet man oft einer Technik, mit der Antworten vermieden werden sollen, wenn eine schwierige oder kritische Frage gestellt wird, deren Beantwortung einen negativen Effekt erzielen könnte. Eine beliebte Reaktion ist in

diesem Fall eine Gegenfrage oder die Erwähnung von positiven Ideen im Zusammenhang mit dem Thema.

- Wenn eine Person eine Frage nicht beantworten möchte, kann er diese schlichtweg verweigern. Am besten stellt man das an, indem man einfach schweigt oder klar sagt, dass man diese Frage nicht beantworten wird.

Die Fähigkeit des effektiven Zuhörens verlangt eine kontinuierliche Pflege bezogen auf die Entwicklung der Bedürfnisse. Anwälte nutzen diese Kunst, wenn auch auf einem minimalistischen Level. Ein guter Anwalt muss über ausgezeichnete Zuhörerqualitäten verfügen und gleichzeitig die Kunst des effektiven Fragens beherrschen, um eine vertrauenswürdige Beziehung zu seinen Mandanten aufzubauen.

Es gibt mehrere Faktoren, die Menschen daran hindern, die Kunst des effektiven Zuhörens anzuwenden. Wer der Versuchung erliegt, eine Konversation zu dominieren oder zu kontrollieren, ist in der Regel ein schlechter Zuhörer. Menschen, die gerne ihre Fähigkeiten oder ihre Intelligenz zur Schau stellen, warten oft das Ende der Frage erst gar nicht ab, sondern unterbrechen den Frager mit der Antwort. Außerdem birgt das effektive Zuhören die Gefahr, dass der Frager Ideen oder Gefühle zum Ausdruck bringt, die sich außerhalb unserer Wohlfühlzone befinden und daher abgewürgt werden.

Das wirkliche Verstehen der Ausführungen des Gegenübers führt viel eher zu einer logischen Ableitung anstatt zu einer sofortigen Antwort. Dies ist der Schlüssel des effektiven Zuhörens und zu Techniken zur Problemlösung. Dazu muss man die verschiedenen Stufen des effektiven Zuhörens verstehen.

Stufe 1

Die erste Stufe des effektiven Zuhörens ist nützlich, wenn...

Tippen Sie folgenden Link in Ihren Browser um mehr über „Körpersprache lesen" zu erfahren.

bit.ly/Körpersp

Diese Bücher auf Amazon könnten Ihnen auch gefallen...

NLP - Der Weg zum Erfolg: Praxisübungen zur persönlichen Entfaltung und beruflichem Erfolg

Emotionale Intelligenz: Emotionen erkennen, verstehen und meistern - für effektivere Kommunikation...

Erfolgreiche Führung: 14 Top-Skills für Führungskräfte
für bessere Kommunikation, Autorität, Erfolg…

Feedback

Danke, dass Sie das Buch *„Charisma"* gekauft haben.

Kein Produkt ist perfekt – deshalb bin ich stets darum bemüht die Qualität meiner Bücher zu verbessern, damit der Leser ein bestmögliches Ergebnis erhält. Sind Ihnen Punkte aufgefallen, die verbessert werden könnten? Dann geben Sie mir bitte ein konstruktives Feedback und senden es an:

sebastian.keller.kdp@gmail.com

Hat Ihnen das Buch gefallen? Dann freue ich mich über eine kurze positive Rezension auf Amazon. Damit ermöglichen Sie mir in Zukunft noch mehr Menschen zu erreichen und deren Leben zu verbessern. Könnten Sie mir diesen kleinen Gefallen machen?

Dann tippen Sie folgenden Link in die Adressleiste Ihres Browsers:

bit.ly/charismarezension

Ich würde mich sehr darüber freuen!

Sebastian Keller

Über den Autor

Wollen Sie erfolgreicher kommunizieren und ihr Gegenüber mit schlagfertigen Argumenten überzeugen? Sebastian Keller ist ein Kommunikationsprofi, der sein Publikum zum Erfolg führt.

Als eigenständiger Coach verfügt er über einen reichen Erfahrungsschatz in der Persönlichkeitsentwicklung, Privat sowie im Business. Bevor Hr. Keller selbständig auftrat, war er als Führungskraft in mehreren Unternehmen tätig und bewies dort stets das richtige Fingerspitzengefühl, seine Teammitglieder zu motivieren. Er erkannte das Potential seiner Berufung als Coach und startete parallel zu seinem Beruf seine ersten Kommunikations-Workshops. Er hat bereits viele Managementkunden mit seinen Coachings auf die Erfolgsspur gebracht. Im Rahmen eines erweiterten Coaching-Aufenthalts in den USA lernte er von zahlreichen bekannten NLP-Profis.

"Personal Coaching fängt damit an, den Mensch in den Vordergrund zu stellen und ihn zu verstehen", kommentiert Hr. Keller. Ausgehend vom Assessment des Individuums entwickelt Hr. Keller Ihre individuelle Erfolgsstrategie. In seinen Ratgebern konzentriert er sich stets auf einfache und von jedem nachvollziehbare Strategien und Methoden, die schnell im Leben integriert werden können und mit ein bisschen Eifer und Begeisterung einen neuen Menschen aus Ihnen machen.

Ob Sie Ihr Verhandlungsgeschick verfeinern wollen, Ihre Geschäftsbeziehungen zu Ihren Businesspartnern erfolgreicher gestalten wollen, oder den Weg raus aus der persönlichen Krise suchen, Hr. Keller gibt Ihnen die notwendigen Werkzeuge an die Hand, wie Sie erfolgreicher aus sich herausgehen.

So gerne Hr. Keller im Alltag mit Menschen zu tun hat, so lieb hat er auch die Ruhe nach dem Sturm und nimmt sich zu Hause regelmäßig Zeit für stille Meditation, getreu dem Motto "in der Ruhe liegt die Kraft."

Haben Sie sich wieder erkannt? Dann schmökern Sie ein bisschen in Hr. Kellers Bestenliste.

Besuchen Sie Sebastian auf seiner Amazon Autoren-Seite:

bit.ly/SebastianKeller

13794113R00038

Printed in Poland
by Amazon Fulfillment
Poland Sp. z o.o., Wrocław